BOEKANALYSE

AF142092

Reis naar het middelpunt van de aarde

· · · · · · · · · · · · · · · · ·

JULES VERNE

BOEKANALYSE

Geschreven door David Noiret
Vertaald door Nikki Claes

Reis naar het middelpunt van de aarde

Jules Verne

JULES VERNE

FRANSE SCHRIJVER

- **Geboren in Nantes in 1828**
- **Overleden in Amiens in 1905**
- **Opmerkelijke werken:**
  - *Een reis naar het middelpunt van de aarde* (1864), roman
  - *Rond de wereld in tachtig dagen* (1873), roman
  - *The Mysterious Island* (1874), roman

Jules Verne, die in 1828 in Nantes werd geboren, ging eerst rechten studeren en publiceerde daarna, vanaf 1852, een toneelstuk en verschillende korte verhalen. Hij raakte ook bevriend met de avonturier Jacques Arago (Frans schrijver en ontdekkingsreiziger) en ontmoette ontdekkingsreizigers en wetenschappers. Zijn eerste roman, *Five Weeks in a Balloon* (1863) was een groot succes. Het was het begin van de collectie *Voyages extraordinaires* ('buitengewone reizen') die bestond uit 18 korte verhalen en 65 romans, waaronder *A Journey to the Centre of the Earth* (1864), *Twenty Thousand Leagues Under the Sea* (1869), *Around the World in Eighty Days* (1873), *The Mysterious Island* (1874) en *Michael Strogoff: De koerier van de tsaar* (1876), onder andere. Deze goed doorwrochte werken, een mix van avontuur, sciencefiction en fantasie, weerspiegelen de belangstelling van de auteur voor de technologische vooruitgang van zijn tijd en zijn liefde voor reizen.

In 1886 vormden de dood van zijn redacteur en vriend Jules Hetzel en zijn afnemende belangstelling voor de wetenschap een keerpunt in zijn carrière. Hij stierf in 1905 in Amiens. Tegenwoordig is hij een van de meest vertaalde Franstalige auteurs ter wereld.

REIS NAAR HET MIDDELPUNT VAN DE AARDE

VAN WETENSCHAP NAAR SCIENCEFICTION

- **Genre:** avonturenroman

- **Referentie uitgave:** Verne, J. (1872) *Een reis naar het middelpunt van de aarde*. Trans. Onbekend. Londen: Griffith en Farran.

- **Eerste uitgave:** 1864

- **Thema's:** reizen, avontuur, sciencefiction, natuur, prehistorisch, exploratie

Een reis naar het middelpunt van de aarde is de derde roman uit de verzameling *Voyages extraordinaires* van Jules Verne. Het werd voor het eerst gepubliceerd in 1864. Het jaar waarin de roman is geschreven komt feitelijk overeen met de tijd van het verhaal, dat zich afspeelt in 1863. De auteur werpt de lezer dus in een tijdperk dat hij goed kent.

In zijn roman ontwikkelt Verne de voor hem kenmerkende chemie die wetenschap combineert met visionaire dromen. Hij presenteert een oude, Duitse geleerde en geoloog, vergezeld van zijn onhandige en laffe 19-jarige neef, die de verteller is: zij ondernemen een onwaarschijnlijke reis vol steeds verrassender avonturen.

SAMENVATTING

HOOFDSTUKKEN 1-5

Hamburg, 24 mei 1863. Professor Hardwigg keert plotseling naar huis terug om zijn toevlucht te zoeken in zijn kast, waaruit hij met aandrang zijn neef Harry oproept. De bron van deze haast is de aankoop van een in runen geschreven IJslands manuscript uit de 12^e eeuw. Deze gebeurtenis vergt de volle aandacht van de oom, die zelfs zijn eetlust verliest.

Een perkament is gescheiden van het manuscript. Het is in handen van de chemicus Arne Saknussemm en dateert op zijn vroegst uit de 14^e eeuw. Harry probeert dit vreemde schrift te decoderen en kraakt uiteindelijk de geheime code: er wacht hem een gevaarlijke en fascinerende reis, maar hij besluit het document te vernietigen om dit te voorkomen.

De oom verschijnt, maar Harry zwijgt. De oom zet iedereen op dieet zolang de code niet ontdekt wordt. Onder druk onthult Harry het geheim.

HOOFDSTUKKEN 6-10

Het bericht beschrijft een reis naar het middelpunt van de aarde, door een IJslandse vulkaan, Sneffels, binnen te gaan. Harry deelt zijn zorgen met zijn oom en moeder. Harry's vriendin, Gretchen, overtuigt hem uiteindelijk om met zijn oom te vertrekken.

In Kopenhagen aangekomen, gaat de professor op zoek naar een boot naar IJsland. Terwijl hij op het vertrek wacht, laat hij zijn neef oefeningen doen om de duizeligheid te overwinnen.

Elf dagen later ontmoeten ze enkele belangrijke mensen uit Reykjavik: Gouverneur Trampe, burgemeester Finsen en professor Fridriksson. De twee Duitsers worden uitgenodigd aan tafel bij Fridriksson, die hen het verhaal vertelt van Arne Saknussemm en van de uitgedoofde vulkaan. Fridriksson stelt hen voor aan een goede gids.

HOOFDSTUK 11-15

De volgende dag ontmoeten ze de gids, Hans Bjelke, die hen de hele reis zal begeleiden. In de ochtend van 16 juni gaat de expeditie van start.

Het IJslandse landschap is arm en desolaat. Ze doorkruisen het land te paard en soms per boot, met name om een fjord over te steken. Na opnieuw de IJslandse gastvrijheid te hebben ervaren, bereiken de reizigers de eerste lavastromen. Op 22 juni staan ze aan de voet van de Sneffels en verblijven ze bij een inwoner in het stadje Stapi.

De beklimming van Sneffels begint, langzaam en geruisloos. Hans leidt de weg en waarschuwt voor gevaar. De middernachtzon wacht op hen op de top.

HOOFDSTUKKEN 16-20

De avonturiers dalen af in de krater. Ze ontdekken de inscriptie "Arne Saknussemm" en dalen dan via een kleine trap af in de schoorsteen van de vulkaan. Tien uur later bereiken ze de bodem.

Dan gaan ze naar de diepte van de Aarde via een kleine gang. De hitte is draaglijk, ondanks hoe diep ze zitten. Harry maakt zich echter zorgen. Eindelijk bij de tunnel aangekomen, worden ze geconfronteerd met twee wegen. De oom kiest voor het oosten, maar het lijkt erop dat de reizigers terugkeren naar de oppervlakte.

Water wordt schaars. Ze doorkruisen een kolenmijn en Harry observeert de geologische lagen, die de evolutie van de Aarde tonen. Een muur verspert uiteindelijk de doorgang.

HOOFDSTUKKEN 21-25

Ze moeten terugkeren. Ze besluiten, ondanks alles, hun missie voort te zetten. Dorstig en moe van de wandeling valt Harry flauw, terwijl hij zich inbeeldt dat ze in een granieten gevangenis zitten. Bij het ontwaken boort Hans, die van verre het geluid van een stroom heeft gehoord, een gat in de rots: er komt kokend en ijzerhoudend water uit. De beek wordt "Hansbach" gedoopt. Deze gebeurtenis maakt de jonge Harry weer moedig. Ze zijn nu vijf mijl diep, onder de Atlantische Oceaan.

Na aankomst in een grot op zestien mijl diepte rusten de reizigers uit. De professor en zijn neef brengen hun tijd door met nadenken over wetenschappelijke overwegingen.

HOOFDSTUKKEN 26-30

Beetje bij beetje dringt het stilzwijgen van Hans tot hen door. Op 7 augustus verliest Harry zijn twee metgezellen en de bron die hen vergezelde op hun afdaling uit het oog. Harry raakt in wanhoop. Zijn lamp wordt geleidelijk dof. In paniek stoot hij zijn hoofd en verliest het bewustzijn. Het is dus volledig donker. Uiteindelijk wordt hij wakker en hoort een geluid in de verte. De muur leidt zijn stem en die van zijn oom. Ze zijn een liga van elkaar verwijderd. Harry volgt het pad van het geluid en struikelt.

Bij het ontwaken is hij dicht bij zijn metgezellen en is hij blij ze weer te zien. Hij ontdekt de Hardwigg Oceaan, afgezonderd in een enorme holte. De enorme paddenstoelen en gigantische botten, getuigen van de natuur van een andere tijd, verbazen hen.

HOOFDSTUKKEN 31-35

De verkenning van deze nieuwe wereld gaat verder in de Hardwigg Oceaan. Hans vangt een blinde vis uit een ander tijdperk, waardoor Harry droomt over het onderwerp evolutie en prehistorische dieren. Het gebrek aan aarde in zicht wekt het ongeduld van de professor. Plotseling breekt er een vreselijk gevecht uit tussen twee prehistorische zeedieren, waarna de rust terugkeert. Dan verschijnt in de verte een monsterlijke massa, die in feite een geiser is. Het obstakel wordt overwonnen en de navigatie wordt voortgezet.

Het weer is stormachtig en de stemming van de professor is duister. Het is dan dat een vuurbal hen bedreigt, de mast wegvoert en dan verdwijnt. Uiteindelijk bereiken ze het droge.

HOOFDSTUKKEN 36-40

Professor Hardwigg beseft dat de wind hen terug de rivier op heeft gevoerd die ze hadden verlaten. Hans herstelt de schade terwijl de professor en zijn neef het gebied verkennen. Ze stuiten op een immense begraafplaats van prehistorische dieren en, plotseling, een menselijke schedel, dan vele volledige skeletten. De professor begint te denken dat dit een amfitheater was.

Ze ontdekken kolossale bomen, angstaanjagende mastodonten en een reusachtig wezen dat hen commandeert. Als ze zich omdraaien, vindt Harry een roestige dolk. Even later ontdekken ze twee letters gegraveerd in een tunnel: "A.S." zoals Arne Saknussemm. Het onderzoek wordt voortgezet, maar de twee Duitsers stuiten op een rots die hun doorgang belemmert: ze moeten hem opblazen.

HOOFDSTUKKEN 41-45

Harry steekt de lont aan. Na de explosie opent zich een afgrond die de zee opzuigt en hen meevoert met het vlot waarop ze zich hadden teruggetrokken. De val is duizelingwekkend. Dan, aangekomen in een put, klimt het vlot geleidelijk weer omhoog. De hitte wordt plotseling ondraaglijk en het water kookt: een vulkaanuitbarsting staat voor de deur. Ze waren eigenlijk in de schoorsteen van een actieve vulkaan. Harry valt flauw door de hitte.

Als Harry ontwaakt, bevinden de reizigers zich op de berghelling en halfnaakt, in een prachtig gebied. Het is Stromboli. Ze doen alsof ze schipbreukelingen zijn.

Op 9 september keren ze terug naar Hamburg. De professor vertelt zijn reis aan ongelovige wetenschappers. Over deze reis wordt een boek geschreven, waarmee ze in de hele wereld erkenning krijgen. Blij en trots op zijn oom trouwt Harry met Gretchen.

KARAKTERSTUDIE

PROFESSOR VON HARDWIGG

Professor Hardwigg is een origineel personage, dat door een verkeerde uitspraak verkeerd wordt genoemd, en is de aanstichter van de reis. Hij is het gezinshoofd in het huis aan de Köningstrasse 19, waar ook Martha, de bediende, Harry en af en toe Gretchen wonen.

Hij is een egoïstische en gierige geleerde, maar ook een "zeer geleerd man" (hoofdstuk 1). Hij is geoloog, mineraloog en universiteitsprofessor. Hij is ook beheerder van een museum en heeft een grote boekenverzameling, wat zijn enthousiasme voor het oude handschrift verklaart. Hij spreekt meerdere talen vloeiend (Duits, Frans, IJslands, Latijn, Engels, Italiaans, enz.)

Hij is rijk, lang, dun, blond en lijkt jong voor een man van 50. Hij draagt een bril en heeft een voorliefde voor tabak. Zijn passie voor ontdekkingen en wetenschappen maken hem tot een onstuimige, moedige en gepassioneerde man, variërend tussen krankzinnigheid en genialiteit. Ondanks zijn norse aard ontbreekt het hem niet aan menselijkheid en toont hij zelfs altruïsme tegenover zijn neefje.

HARRY

Harry is de verteller van het verhaal. Hij is een wees en de geadopteerde neef van professor Hardwigg. Harry is geboren in 1844. Hij is dus 19 jaar oud. Deze jongeman is verliefd op Gretchen, een mooi 17-jarig meisje uit Virland, het petekind van professor Hardwigg.

Hij heeft een passie voor mineralogie en helpt zijn oom nauwgezet met zijn werk. Met minder kennis dan de professor vindt hij dankzij zijn scherpzinnigheid toch de sleutel om de code van Arne Saknussemm te ontcijferen. Niet in staat om het zonder eten en zijn vriendin te stellen, onthult Harry de code van het perkament aan de professor, wat leidt tot de reis naar het middelpunt van de aarde.

Zijn angstige en laffe aard contrasteert met de strengheid van Hans en de moed van zijn oom. Hij vindt het schouwspel dat hij in de diepte van de aarde waarneemt verrassend fascinerend. Zo ontdekken we de kwaliteiten van de jonge wetenschapper die gepassioneerd is door geologie en evolutie. Zijn avontuurlijke metgezellen redden talloze malen zijn leven. Zijn vele black-outs onderbreken de vertelling van het verhaal, wat het buitengewone karakter van de roman versterkt.

HANS BEJLKE

Hans is een stoere IJslandse oplichter, groot en energiek. Hij is een echte natuurkracht, rustig en sereen, net als het IJslandse landschap. Hij heeft lang, rood haar en kleine blauwe ogen die een intelligente blik uitstralen. Hij jaagt ook op eiders, een soort trekvogel waarvan de veren een bron van rijkdom zijn in IJsland.

Hans spreekt voornamelijk Deens en communiceert nooit met Harry. Hij is over het algemeen weinig spraakzaam en spreekt alleen als het nodig is. Professor Hardwigg neemt de taak op zich om te vertalen wat hij zegt voor zijn neefje.

Hij is initiatiefrijk en een waardevolle hulp voor de twee Duitsers, omdat hij zich voortdurend inzet voor zijn taak als gids. Hij vindt water (Hansbach), wanneer de reserves slinken en redt Harry meerdere malen van de verdrinkingsdood. Elke zaterdag gedurende de dertien weken betaalt de professor hem het afgesproken bedrag.

Wanneer Harry hen terugvindt (hoofdstuk 29), toont Hans enige vreugde, wat bewijst dat hij niet gespeend is van menselijkheid.

PROFESSOR FRIDRIKSSON

Hij ontvangt de professor en zijn neef in zijn huis in IJsland. Hij is zeer gastvrij en hoffelijk tegenover zijn gasten. Als professor in de natuurwetenschappen, een bescheiden geleerde die alleen Latijn en IJslands spreekt, is hij een van de weinige personages waarmee Harry kan communiceren (in het Latijn).

Hij is het die professor Hardwigg de reputatie onthult van Arne Saknussemm, een IJslandse geleerde die in de 16e eeuw werd vervolgd. Hij vertelt hen ook dat Sneffels al lang uitgestorven is en stelt hen voor aan een betrouwbare gids. Hij is dus een sleutelfiguur.

ANALYSE

EEN BIJZONDERE STRUCTUUR: REIZEN BINNEN DE REIS

De structuur van de roman is opmerkelijk, zowel qua stijl als qua inhoud. *Een reis naar het middelpunt van de aarde is* meer dan een simpele ruimtereis:

* De hoofdstukken zijn zeer regelmatig. Elk bevat meestal een hoofdactie die een verschuiving in tijd (een dag of meer) en ruimte (naar een nieuwe bestemming) markeert. Het verhaal speelt zich af over iets meer dan drie maanden (van 24 mei tot 9 september 1863), en speelt zich af in verschillende landen, op aarde en binnen de aarde. De meeste hoofdstukken eindigen met een nacht van welverdiende rust voor de personages.

* De hoofdpersonen zijn altijd onderweg, op zoek naar een bestemming die ze steeds dichter bij komen, maar nooit bereiken: het middelpunt van de aarde. Nadat ze de aarde zijn binnengekomen via een uitgedoofde vulkaan in het noordwesten van Europa (in IJsland), vertrekken ze via een andere vulkaan, ditmaal een actieve, in het zuiden van Europa (in Sicilië). De structuur is dus cyclisch.

* De personages evolueren tijdens hun expeditie (maiden voyage) als Harry een man wordt en met Gretchen kan trouwen, terwijl de professor zijn wetenschappelijke theorieën kan ontwikkelen en hij na zijn reis als held wordt begroet.

- Het gaat over een reis in de tijd en in de ruimte. Naarmate de dagen verstrijken, zakken de personages verder in de diepte van de aarde en maken ze de omgekeerde reis van de evolutie van de planeet en de soorten. Ze ontdekken concreet de verschillende tijdperken van de aarde, evenals de fauna en de flora van deze tijdperken (prehistorische dieren, fossielen, enz.).

- De fysieke vooruitgang van de personages is verticaal en horizontaal. De horizontale dimensie (bijvoorbeeld de navigatie op de Hardwigg Ocean, het alter ego van de Middellandse Zee) brengt de professor in een slecht humeur omdat het hem niet dichter bij zijn doel brengt, terwijl de duizelingwekkende valpartijen hem opwinden.

- Het thema van de reis materialiseert zich als een essenti-eel object: het kompas. Tijdens de storm op de Hardwigg Ocean wordt de polariteit van de polen omgekeerd en raken de reizigers letterlijk het noorden kwijt. Dit 'verlies van richting' lijkt de twee dimensie van ruimte en tijd, die vele zelf zijn, te versterken, waardoor de protagonisten in de labyrintische structuur terechtkomen.

- Harry's talrijke black-outs creëren een droomachtige dimensie die het buitengewone aspect van de reis door ellipsen en zijn dromen versterkt.

- Harry houdt een logboek bij tijdens de oversteek van de Hardwigg Oceaan. Het verhaal van de reis naar het middel-punt van de aarde verschijnt ook aan het eind van de roman. Deze mise en abyme geeft Jules Verne's roman een extra dimensie. Mise en abyme is een artistieke methode die erin bestaat een werk binnen een werk van hetzelfde type weer te geven (we kunnen bijvoorbeeld kijken naar het theater binnen een theater in *L'Illusion Comique* van Corneille (1635) of naar Russische poppen).

VAN WETENSCHAP NAAR SCIENCEFICTION

Wetenschap speelt een essentiële rol in deze roman. Van geologie tot paleontologie, via mineralogie, scheikunde, natuurkunde en cryptologie toont de wetenschap de vooruitgang in de kennis van die tijd. Professor Hardwigg gelooft met name in de theorie van Humphry Davy (Brits wetenschapper, 1778-1829) volgens welke er in het centrum van de aarde geen overmatige interne warmte is.

De meeteenheden die in de hele roman worden gebruikt versterken het serieuze, previse en wetenschappelijke karakter: knopen, voeten, liga's, enz. Het werkt op een metrisch, Angelsaksisch systeem.

Verder brengt de professor een groot aantal meetinstrumenten mee op zijn expeditie (zie hoofdstuk 11): twee kompassen, een manometer, een thermometer van Eigel, een chronometer en twee apparaten van Ruhmkorff (Duitse wetenschapper, 1803-1877) die dienen als waterdichte elektrische lampen.

Door de nadruk te leggen op deze wetenschappelijke vorderingen wordt de auteur een authentiek en wetenschappelijk accuraat verhaal toegedicht. De wetenschappelijke theorieën vormen een definitief werk en kunnen niet onjuist zijn. Wat door de sciencefiction wordt onthuld (de reis in de aarde, een ondergrondse wereld, de terugkeer door een vulkaan, enz.) wordt als wetenschappelijk bevestigd en komt daardoor geloofwaardig en geloofwaardig over, terwijl het zuiver fictief is.

DE TAALKWESTIE

Het reisthema zet aan tot het gebruik van nogal wat talen in de roman:

- De code in runetekens van de geleerde Saknussemm, die een toegang tot het centrum van de aardbol aangeeft, brengt de taalkundige competenties van professor Hardwigg en zijn neef in het spel. De eerste ontdekt de aanwezigheid van verschillende gemengde talen (Latijn, Grieks, Frans en zelfs Hebreeuws), terwijl de letters vakkundig zijn gemengd volgens een combinatie die Harry toevallig ontdekt. Deze code, het manuscript en de sporen die de IJslandse geleerde in de 16^e eeuw heeft achtergelaten, bewijzen een poging tot communicatie tussen de tijdperken (de 16^e en 19^e eeuw). Deze communicatie is moeilijk maar toch mogelijk.

- Jules Verne speelt met de stereotypen die gemakkelijk aan verschillende volkeren worden toegeschreven (Duitsers zijn geordend en streng, de IJslanders zijn eenvoudig en woest en Italianen zijn bijgelovig). Zo brengt hij deze kleine wereld met elkaar in verbinding.

- Bovendien kan de professor, dankzij zijn polyglotisme, communiceren met alle personages die hij ontmoet, zelfs met de geleerde Saknussemm via het perkament. Harry kan met professor Fridriksson in het Latijn spreken.

- De woorden van Hans, die niet veel spreekt, worden in de tekst in het Deens overgeschreven. Hierdoor ontstaat een kloof tussen het begrip van de professor (die zich vrijelijk bedient van wetenschappelijk jargon) en dat van Harry, die deze taal niet kent. De laatste is beter in staat om geologische sporen te ontcijferen en zo de evolutie van de aarde te achterhalen. Zinnen in het Latijn en, aan het eind van het verhaal, in het Italiaans komen ook op verschillende momenten voor. Er zijn ook deze twee woorden uit Scandinavische talen die aan het Engels zijn toegevoegd: fjord en geiser.

- Wanneer Harry de stroom en zijn metgezellen uit het oog verliest, fungeert de rotsholte als een akoestisch pad dat hem de weg wijst en hem zo in staat stelt de communicatie met zijn oom te herstellen.

- Het gebruik van de eerste persoon door de verteller bevordert de introspectie van de jonge Harry en daarmee de communicatie met zichzelf (via dromen en logboeken).

VERDERE REFLECTIE

ENKELE VRAGEN OM OVER NA TE DENKEN...

- Wat maakt dit verhaal volgens jou tot een avonturenroman?

- Jules Verne schreef deze roman in 1863. Sommigen zien hem als een helderziende. Wat denkt u hiervan?

- De aanwezigheid van verschillende talen is merkbaar in deze roman. Welk effect heeft dit?

- Wat doet de auteur om zijn verhaal zo realistisch mogelijk te maken?

- Hebben de verfilmingen alle kenmerken van de roman behouden?

- Waarom denk je dat de auteur interne focalisatie gebruikt?

- Jules Verne schreef in de 19e eeuw, de eeuw van grote romanschrijvers als Balzac, Zola, Dickens, Tolstoj, Flaubert, Dostojevski, Stendhal, enz. Wat onderscheidt hem van al die andere auteurs?

- Denkt u dat de auteur deze roman heeft geschreven voor educatieve doeleinden?

VERDER LEZEN

REFERENTIE-UITGAVE

Verne, J. (1872) *Een reis naar het middelpunt van de aarde*. Trans. Onbekend. Londen: Griffith en Farran.

AANPASSINGEN

Reis naar het middelpunt van de aarde. [Film] (1959). Henry Levin. Dir. USA: Twentieth Century Fox Film Corporation.

The Fabulous Journey to the Center of the Earth. [Film] (1976). Juan Piquer Simón. Dir. Spanje: Almena Films.

Journey to the Center of the Earth. [Film] (2008). Eric Brevig. Dir. USA: New Line Cinema.

Reis naar het middelpunt van de aarde. [Stripboek] (1978). Tekst door Roudolph. Artwork door Renato Polese.

Reis naar het middelpunt van de aarde. [Stripboek] (2009). Tekst van Patrice Cartier. Artwork door Édouard Riou.

*We horen graag van jou! Laat
een reactie achter op jouw online bibliotheek
en deel je favoriete boeken op social media!*

De uitgever garandeert de betrouwbaarheid van de gepubliceerde informatie, die echter niet onder zijn verantwoordelijkheid valt.

www.50minutes.com

Master ISBN: 9782808687546
Papier ISBN: 9782808698948
Wettelijk depot: D/2023/12603/1174

Omslag: © Primento

Digitaal ontwerp: Primento, de digitale partner van uitgevers.